Cuidemos a nuestro perrito nuevo

Núria Roca / Rosa M. Curto

BARRON'S

¡Bienvenido!

Hoy es un día fantástico: los papás de Marisa y Marcos han ido a buscar a Duk, un precioso perrito que parece una bolita con patas.

Este es Duk, y estas son sus cosas: collar de cuero, correa, galletitas para perros, un bol para el agua y otro para la comida, un hueso de plástico, una cuerda, su cama... y sus juguetes.

¡Ah!, y también la chapa con su nombre y el número de teléfono, por si se pierde.

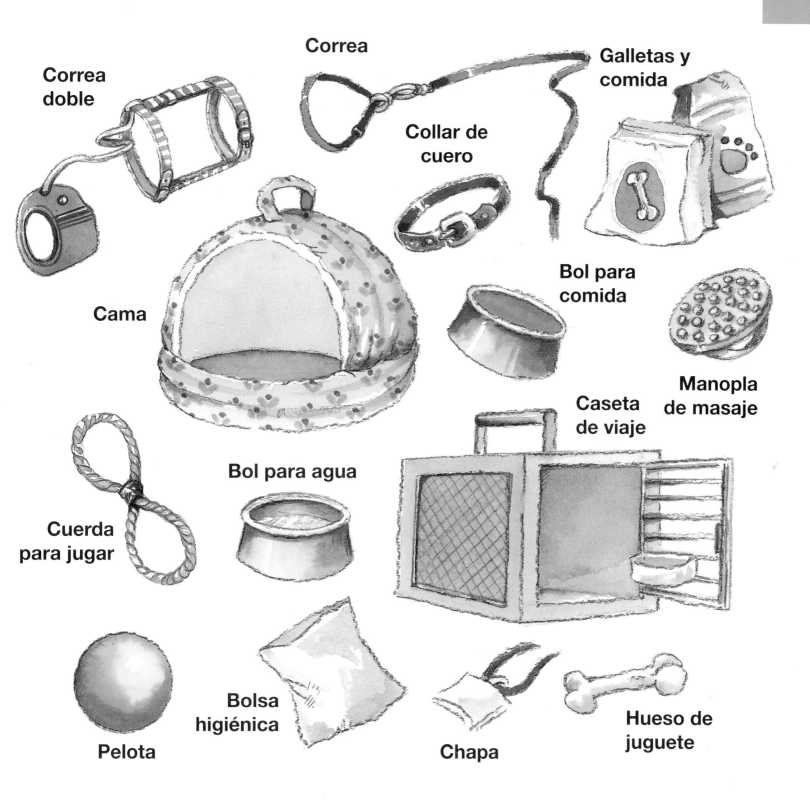

Correa doble

Correa

Galletas y comida

Collar de cuero

Cama

Bol para comida

Manopla de masaje

Caseta de viaje

Bol para agua

Cuerda para jugar

Bolsa higiénica

Pelota

Chapa

Hueso de juguete

Un perro en casa

Tener en casa a Duk es toda
una responsabilidad: hay que cuidarlo,
enseñarle lo que puede y lo que no
puede hacer, jugar con él, sacarlo de
paseo, acompañarlo al veterinario...
¡Todos en casa tendrán que colaborar!
  Los padres de Marisa y Marcos
les han dejado muy claro a los dos
que Duk no es un juguete, sino
un miembro más de la familia.

Me encanta
que jueguen
conmigo
a la pelota.

Necesito
salir a pasear
cada día.

Es hora
de tomar mis
medicinas.

No me canso de
recibir caricias...

El refugio

Al llegar a casa, lo primero que hacen es dejarle que lo huela todo y que husmee por todas las habitaciones. Muy pronto localiza su rincón especial, donde están su cama y los boles para la comida y el agua.

Marcos ha dejado allí también unos juguetes, para que pueda mordisquearlos si quiere.

—Este es el refugio de Duk—le dice Marisa a Marcos.—¡Cuando esté aquí, no puedes molestarlo para nada!—(Marisa es un poco mandona.)

En brazos

Me puedes hacer mucho daño si me levantas por las patas.

¡Nunca me levantes así!

¡Au! Mi cola es una parte muy sensible.

La primera lección que los niños
deben aprender es cómo
levantar un cachorro, algo
que no se puede hacer
de cualquier manera.

No se le puede levantar
por las patas delanteras.

No se le puede levantar
por el cogote.

¡No se le puede
levantar por la cola!

Se ha de colocar una
mano debajo del pecho
y la otra bajo la barriga,
algo hacia atrás.

Parece fácil, ¿verdad?

El lavabo

La primera lección que debe aprender Duk es en qué lugar debe hacer "sus necesidades".

Este es el papel de periódico donde tiene que hacer el pipí y las caquitas; pero sólo los primeros días, porque en cuanto pueda salir a pasear deberá aprender a hacerlo fuera.

Marisa y Marcos están deseando que vacunen a Duk para poder sacarlo a pasear.

**Cuidar
el pelo**

**Cuidar
el hocico**

**Cuidar los
ojos y las
orejas**

Vacunas

El primer día que van al veterinario, Duk está algo nervioso,
sobre todo cuando le ponen una inyección enooorme.

Menos mal que Marcos lo acaricia y le dice cosas para tranquilizarlo.

Ahora está vacunado, así que ya puede salir de paseo.

–Si tiene la nariz seca, no quiere jugar o no quiere comer es que
está enfermo, ¿verdad?–dice Marisa.–¡Lo he leído en un libro
de mis papás!

**Cuidar
la boca**

**Cuidar
las uñas**

De paseo

2

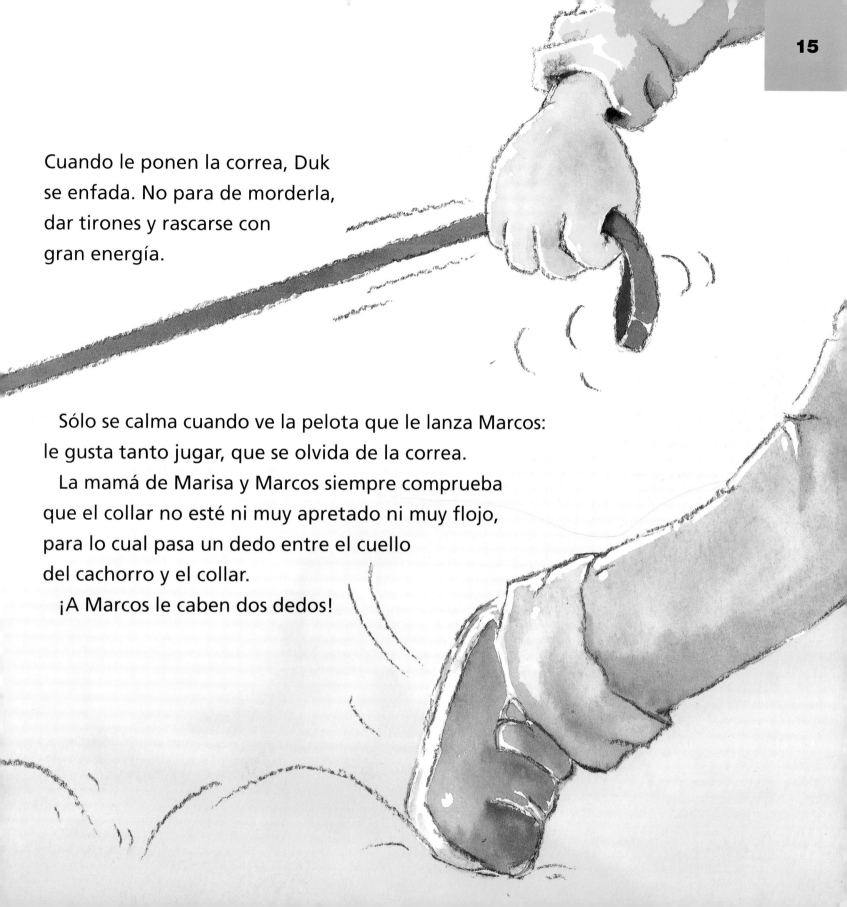

Cuando le ponen la correa, Duk
se enfada. No para de morderla,
dar tirones y rascarse con
gran energía.

Sólo se calma cuando ve la pelota que le lanza Marcos:
le gusta tanto jugar, que se olvida de la correa.

La mamá de Marisa y Marcos siempre comprueba
que el collar no esté ni muy apretado ni muy flojo,
para lo cual pasa un dedo entre el cuello
del cachorro y el collar.

¡A Marcos le caben dos dedos!

Un perro roedor

Duk tiene todavía los dientes de leche, así que se pasa
el día entero mordisqueando todo lo que encuentra:
los cojines del sofá, los pantalones de Marcos, los zapatos
de su padre...

Toda la familia se dedica a esconder las cosas más delicadas,
al menos hasta que Duk tenga diez meses.

Y cuando lo sorprenden mordiendo lo que no debe,
le dicen "¡No!".

Pequeñas lecciones

Ahora estoy sentadito.

Duk ya sabe cuál es su nombre y qué significa para su familia la palabra *no*. Ha llegado la hora de enseñarle algunas cosas sencillas como "¡Siéntate!", "¡Quieto!" o "¡Échate!".

Hay que enseñárselas de una en una, claro, porque si no, se confunde.

Cuando lo hace bien, todos lo felicitan y le acarician el lomo: "¡Muy bien!", le dicen entonces. A Duk le encanta que todo el mundo esté contento y que lo acaricien.

¡Tengo sed!

Echado, estoy bien.

Me han dicho que esté quieto.

Muevo la cola de alegría.

Me alimentan muy bien.

¡Buenas noches!

¡Salto de contento!

Soy un buen futbolista.

¡Gracias, gracias!

¡A comer!

Como Duk es todavía un cachorro, tiene que comer más de una vez al día. Para esto Marcos y Marisa se turnan: cada día le corresponde a uno de ellos ponerle la comida, siempre a la misma hora, y cuidar de que nunca le falte agua fresca.

Y los boles tienen que estar muy limpios. Por suerte, si alguna vez se despistan, sus padres les avisan.

Ahora que está lleno es el momento perfecto para sacarlo a dar una vuelta. Seguro que aprovechará para hacer "sus necesidades".

El idioma canino

También Marisa y Marcos han aprendido mucho: cuando Duk mantiene la cola alta, significa que está contento, y si la mueve de un lado a otro, que está muriéndose de felicidad.

Cuando mete el rabo entre las patas es que está triste o avergonzado... ¡o que tiene miedo!

Duk, además, "habla" con las orejas y los ojos. Y también con sus ladridos. ¡Qué escándalo!

Me gusta jugar con otros perros.

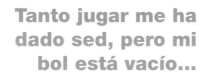

Tanto jugar me ha dado sed, pero mi bol está vacío...

Me encanta ir a buscar los palos que me tiran.

El mejor momento: la comida.

En coche

Duk aún no se ha acostumbrado del todo a ir en
coche: se mueve de un lado a otro y no para de ladrar.
Y lo primero que hace en cuanto baja a "estirar las patas"
es... hacer caca sea donde sea.

   Las cacas no se pueden dejar en cualquier parte, así que ¡hay que recogerlas!

   Lo que más le gusta de ir en coche es asomar la cabeza por la ventanilla...
cuando le dejan hacerlo, claro.

Un día de campo

A la familia de Duk le encanta ir al campo para jugar
a la pelota, lanzar palitos o ramitas y bañarse en el río.

De repente, Duk se queda quieto mirando fijamente hacia
un punto y con las orejas muy tiesas... Seguro que con sus
"superorejas" ha captado algún sonido que nadie más
puede percibir.

Y además, tiene "superolfato".

Jugar con él al escondite no tiene ninguna gracia
–piensa Marcos.–¡Siempre me huele y me encuentra!

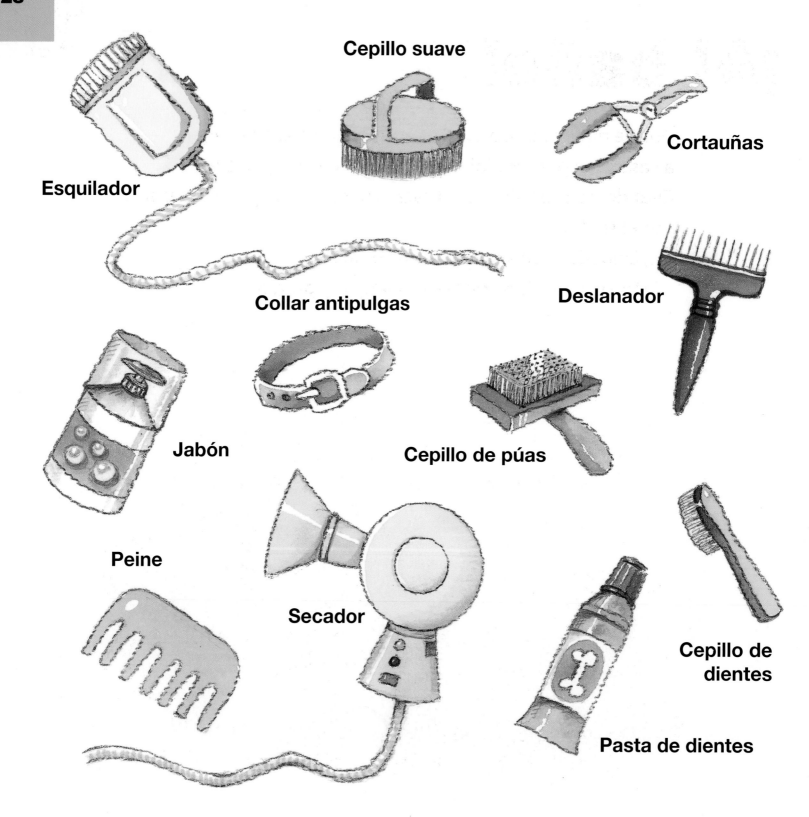

Esquilador

Cepillo suave

Cortauñas

Collar antipulgas

Deslanador

Jabón

Cepillo de púas

Peine

Secador

Cepillo de dientes

Pasta de dientes

¡Al baño!

Duk se ha ensuciado tanto de barro que cuando llegan
a casa es imprescindible un buen baño con agua tibia.
Cuando han terminado, el cachorro se sacude y se revuelca
por el suelo.

   –¡Cuidado, que salpicas!–le dice Marcos.

   Este es su equipo "para estar limpio y guapo".

Estar solo

Algunos perros aúllan sin cesar cuando se quedan
solos. Es como si gritaran para que toda
la familia vuelva a casa.

Pero Duk está acostumbrado a estar unas horas solo.

Antes de salir de casa, la madre o el padre lo saca
para que corra un poco y los niños le dan algo de
comida y juegan un ratito con él.

Y para que se entretenga mientras
ellos no están, le dejan algún juguete
especial, y así no se aburre.

Ayudantes increíbles

Los perros arrastran trineos, buscan personas que han quedado enterradas entre escombros o hacen de lazarillo y guían a personas que no ven.

Marcos ha enseñado a Duk a encender y apagar la luz. Y el mejor amigo de Marisa le ha enseñado a recoger el lápiz cada vez que se cae al suelo. Cuando ella y su amiguito hacen los deberes juntos, Duk no se mueve de su lado, esperando que caiga el lápiz.

¡Y es que a Duk le encanta tener trabajo!

Ofrecemos cariño y entretención a personas minusválidas.

Con nuestro olfato, buscamos personas desaparecidas.

Somos los "ojos" de quienes no pueden ver.

Nos gusta traer el periódico.

Somos buena compañía para personas mayores.

No nos separamos de tu cama cuando estás enfermo.

Actividades

GALLETAS DE CEBADA

Necesitas:
– 2 tazas y media de cebada
– media taza de azúcar
– 2 yemas de huevo
– un cuarto de taza de margarina
– 2 claras de huevo
– 2 cucharaditas de levadura en polvo
– un poco de sal (la punta de una
  cucharilla)
¡Y UN ADULTO QUE TE AYUDE!

1. Bate la margarina y el azúcar hasta
   mezclarlos bien.
2. Añade las yemas de huevo y lo bates
   todo otra vez.
3. Mezcla la cebada, la levadura y la sal.
   Añádelo todo a la mezcla anterior.
4. Bate las claras a punto de nieve.
   Mézclalo todo bien.
5. Haz un churro con la masa y, con el
   rodillo, aplástalo hasta convertirlo
   en una lámina que tenga el grosor
   de un lápiz.
6. Ahora ya puedes cortar las galletas,
   dándoles las formas que prefieras.
7. PARA HORNEAR, NECESITAS QUE TE
   AYUDE UN ADULTO. La masa debe
   estar en el horno unos 30 minutos a
   unos 200°C. Se baja la temperatura
   a 100°C y se dejan las galletas hasta
   que estén duras (se pueden dejar
   dentro del horno apagado hasta que
   hayan quedado muy duras).
8. Cuando ya se hayan endurecido y estén
   frías, debes guardarlas en un bote
   hermético. Recuerda que no le puedes
   dar muchas galletas, sino sólo cuando
   quieras premiarlo, y siempre con
   permiso de tus papás. ¡Que aproveche!

LA HUELLA DE TU PERRO

Llevar tu perro a clase puede ser demasiado difícil,
pero, ¿qué te parecería llevar su huella?
Si mezclas media taza de harina de trigo, media
taza de harina de maíz y otra media de agua,
podrás hacerlo sin problema.

Mezcla las dos harinas y añade despacio el agua
hasta que quede una masa blanda pero consistente.
Échala en un plato, humedece bien la pata de tu
cachorro y presiona con suavidad para que la huella
quede en la harina. ¡Ya tienes la huella!

Espera a que se seque (puede tardar en hacerlo
una semana). Si quieres, píntala de los colores que
más te gusten. Cuando tu mascota haya crecido,
podrás comprobar cómo se ha desarrollado su pata.

Guía del veterinario

QUIÉN MANDA

Los perros salvajes viven en manadas, donde hay uno que manda mucho y otros que mandan menos; para que tu perro esté contento y feliz, ha de saber quién manda en casa, porque para él, su familia humana es su manada. El cachorro ha de saber que en casa mandan los padres, y luego los niños. Si tu cachorro hace cosas que no debe, dile "¡NO!" con fuerza y deja de jugar con él. Como todos los perritos del mundo, para ser feliz, el tuyo necesita un refugio, un lugar donde nadie le pueda molestar, ni siquiera tú. Así sabe que tiene un sitio al que ir cuando está nervioso.

EL MÉDICO DE LOS PERROS

Cuando adoptas un cachorro, lo primero es ir al veterinario, el médico de los animales. Él decidirá qué vacunas y revisiones necesita. Además, si tu perrito hace algo que no está bien -como ladrar cuando se queda solo, morder los muebles o no dejar que otros perros se acerquen-, el veterinario podrá recomendar a algún especialista en educar perros.

LAS PRIMERAS NOCHES

Es importante que desde la primera noche el perro se acostumbre a dormir en el lugar donde deberá hacerlo siempre. Para dormir, le puedes poner algo que tuviera en su hogar previo, como la mantita en que dormía o un juguete, para que no tenga tanta nostalgia. Puedes ponerle también un reloj, que con su tic tac le recuerde los latidos del corazón de su madre.

LA COMIDA

Las tiendas de animales son el mejor lugar para comprar su comida, porque saben muchas cosas acerca de los perros y te pueden indicar qué tipos de alimento debes darle y en qué cantidad, según la edad que tenga tu perrito y cuál sea su raza. El chocolate, los caramelos, los pasteles y otros alimentos que nosotros comemos pueden ser malísimos para él. Si quieres darle algún dulce, tendrás que comprarle uno especial para perros.

DE PASEO

A partir de los cuatro meses, ya puedes sacar a pasear al cachorrillo: tiene que habituarse al olor a humo y gasolina, al asfalto, a las personas que andan con bastón, a las que quieren acariciarlo, a los niños que juegan a la pelota... Tienes que llevarlo siempre de la correa. Y has de enseñarle a caminar junto a tu pierna, sin que te arrastre ni tengas tampoco que arrastrarlo tú a él; de este modo podrán dar largos paseos sin cansarse.

HACER CASO

Si cada vez que lo llamas y acude lo felicitas y te muestras contento, pronto aprenderá a correr hacia ti cuando lo llames por su nombre. NUNCA uses su nombre para reñirlo: si lo haces, cuando lo oiga creerá que lo vas a castigar y correrá a esconderse.

A los tres o cuatro meses ya puede empezar a obedecer órdenes sencillas, como "siéntate", "quieto" o "échate". Es fácil, basta con recordar que le encanta hacer cosas con las que te pones contento. Si lo acaricias y lo felicitas cuando acierta con lo que quieres que haga, seguro que aprenderá muy pronto.

ALGUNAS NORMAS PARA CUIDAR DE TU CACHORRO

1.- No lo dejes nunca solo cerca de una piscina: si cayese en ella, no podría salir y se ahogaría.

2.- Los cachorros nunca han de subir o bajar escaleras, ya que se pueden causar lesiones graves en la espalda.

3.- No lo riñas nunca por cosas que ha hecho ya hace rato, como romperte un juguete. No entendería por qué lo riñes, y consideraría que haces cosas muy extrañas. Regáñale sólo cuando lo pilles "con las manos en la masa".

ALGUNAS NORMAS ANTE PERROS DESCONOCIDOS

1.- Cuando te acerques a un perro grande que no conozcas, hazlo siempre acompañado de un adulto.

2.- No te acerques nunca a un perro dando gritos, corriendo o con movimientos bruscos.

3.- No mires directamente a los ojos a un perro desconocido ni le levantes la mano: puede interpretar que pretendes pegarle, y entonces tratará de defenderse.

CUIDEMOS A NUESTRO PERRITO NUEVO